Alexander Eberhardt

Suchmaschinenoptimierung – Analyse der Rankingfaktoren von Internet-Suchmaschinen und Erstellung eines Analyse-Tools

GRIN Verlag

Bibliografische Information der Deutschen Nationalbibliothek:

Die Deutsche Bibliothek verzeichnet diese Publikation in der Deutschen National-
bibliografie; detaillierte bibliografische Daten sind im Internet über http://dnb.d-
nb.de/ abrufbar.

Impressum:

Copyright © 2010 GRIN Verlag GmbH
Druck und Bindung: Books on Demand GmbH, Norderstedt Germany
ISBN: 978-3-640-87851-2

Dieses Buch bei GRIN:

http://www.grin.com/de/e-book/169404/suchmaschinenoptimierung-analyse-der-
rankingfaktoren-von-internet-suchmaschinen

GRIN - Your knowledge has value

Der GRIN Verlag publiziert seit 1998 wissenschaftliche Arbeiten von Studenten, Hochschullehrern und anderen Akademikern als eBook und gedrucktes Buch. Die Verlagswebsite www.grin.com ist die ideale Plattform zur Veröffentlichung von Hausarbeiten, Abschlussarbeiten, wissenschaftlichen Aufsätzen, Dissertationen und Fachbüchern.

Besuchen Sie uns im Internet:

http://www.grin.com/

http://www.facebook.com/grincom

http://www.twitter.com/grin_com

SUCHMASCHINENOPTIMIERUNG

Analyse der Rankingfaktoren von Internet-Suchmaschinen und Erstellung eines Analyse-Tools

Alexander Eberhardt

Technische Universität Dortmund, Wirtschafts- und Sozialwissenschaftliche Fakultät, Lehrstuhl Wirtschaftsinformatik, D-44221 Dortmund; _____

31.08.2010

Zusammenfassung

Ziel dieser Arbeit ist es, eine webbasierte Anwendung zur Suchmaschinenoptimierung von Internetseiten zu entwickeln. Zunächst werden die einzelnen Faktoren für eine erfolgreiche Platzierung einer Webseite in den Suchergebnissen detailliert untersucht. Dabei werden im Rahmen einer Feldstudie relevante Kennzahlen wie Keywordpositionen und Keyworddichten der top-gelisteten Webseiten ermittelt, um diese Faktoren zu quantifizieren und zu verifizieren. Mit den gewonnenen Kenntnissen wird eine Anwendung konzipiert, welche bestehende Internetseiten hinsichtlich der Faktoren analysiert und einen umfassenden Überblick gibt, wo Stärken, Schwächen oder Verbesserungspotenziale im Hinblick auf die Suchmaschinenoptimierung liegen.

INHALTSVERZEICHNIS

KRITERIEN FÜR DIE POSITIONIERUNG

Einleitung

Internet-Suchmaschinen versuchen, mit komplexen Algorithmen, möglichst jene Seiten in den Ergebnislisten ganz oben zu positionieren, welche die höchste inhaltliche Relevanz hinsichtlich der eingegeben Suchbegriffe (Keywords) besitzen.

Beim Marktführer Google wird die Reihenfolge der Suchergebnisse von etwa 200 Kriterien [1] bestimmt. Allerdings wird nicht kommuniziert, um welche Kriterien es sich genau handelt – die Informationen über die Rankingalgorithmen werden möglichst unter Verschluß gehalten und immer wieder verändert.

Alle wichtigen Suchmaschinen setzen heute einen Ranking-Algorithmus ein, der hauptsächlich aus zwei Teilen besteht [2]:

1. Analyse des Seiteninhalts (Textanalyse, „on-page-Faktoren")

2. Analyse der Verlinkung (Graphenanalyse, „off-page-Faktoren")

Zur Identifikation der wichtigsten Faktoren, die das Ranking bestimmen, haben wir eine umfassende Analyse von über 400 Suchanfragen mit zufälligen Suchwörtern durchgeführt und die ersten 50 Ergebnisse auf gewisse Merkmale hin untersucht (insgesamt ca. 20.000 Webseiten). Dabei wurden ausschließlich die Ergebnisse der Suchmaschine Google ausgewertet.

Die folgenden Auswertungen und Folgerungen erheben nicht den Anspruch, in jeder Hinsicht korrekt und vollständig zu sein, eine Wechselwirkung der einzelnen Faktoren und Seiteneffekte wurde nicht berücksichtigt. Vielmehr sollen die Statistiken als Basis für eine Diskussion der möglichen Google-Rankingfaktoren und deren Gewichtigkeit dienen.

Die Webseite Wikipedia wurde aus der Datenbasis ausgeschlossen, da sie bei den meisten Suchanfragen unter den Top-Ergebnissen zu finden ist und die Auswertung beträchtlich verzerrt hätte.

on-page-Faktoren

Zu den on-page-Faktoren gehören alle Inhalte einer Webseite, wie etwa den Seitentitel, die Überschriften, den Text oder die URL. Diese Inhalte sind vom Autor der Webseite direkt beeinflussbar und daher für die Optimierung des Rankings besonders interessant.

---

1 Vgl. http://www.irishtimes.com/newspaper/finance/2010/0528/1224271298960.html, Zugriff am 31.05.2010

2 Vgl. http://www.suchmaschinentricks.de/ranking/grundlagen, Zugriff am 31.05.2010

Jede Webseite trägt einen Titel, welcher bei Aufruf der Seite in der Titelleiste des Browserfensters angezeigt wird:

```
<title>Seitentitel</title>
```

Zudem wird der Seitentitel in der Suchergebnisliste besonders hervorgehoben – was auf eine hohe Relevanz schließen lässt.

HTML **title** tag ☆ - [Diese Seite übersetzen]
The **title** element is required in all HTML/XHTML documents. The **title** element: ... The **<title>** tag does not support any event attributes. ...
www.w3schools.com/tags/tag_title.asp - Im Cache - Ähnlich

Suchergebnis bei Google: Seitentitel (blau) am prominentesten.

Wie wichtig das Vorkommen der Keywords im Seitentitel ist, zeigt die folgende Grafik:

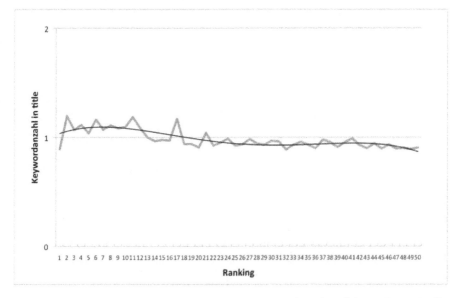

Diagramm: durchschnittliche Keywordnennung im Seitentitel je nach Ranking (schwarze Linie: Trendlinie)

Bei nahezu allen 50 Suchergebnissen tauchen die Keywords durchschnittlich jeweils ca. einmal im Seitentitel auf – bei den ersten Ergebnissen tendenziell sogar öfter. Es scheint also fast ein Muss-Kriterium zu sein, dass die Keywords im Titel auftauchen.

Eine echte Differenzierung der Seitentitel hinsichtlich des Rankings ergibt sich, wenn man die Anzahl der Wörter im Titel mit einbezieht.

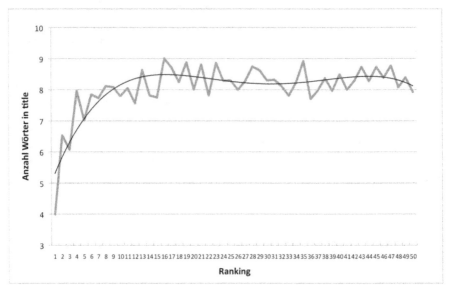

Diagramm: durchschnittliche Anzahl der Wörter im Seitentitel je nach Ranking

Unter den Top-5-Suchergebnissen finden sich hauptsächlich Webseiten mit insgesamt weniger Wörtern im Seitentitel. Die ersten beiden Suchergebnisse haben nur eine durchschnittliche Wortanzahl von etwa 4 oder 5, während ab den ersten 10 Ergebnissen der Durchschnitt bei etwa 8 bis 9 liegt.

Man kann nun die sogenannte Keyworddichte (englisch: *keyword-density*) bestimmen, indem man die Anzahl der Keywords in das Verhältnis zu den Wörtern im Element (hier: Seitentitel) setzt.

$$Keyworddichte = \frac{Anzahl\ Keywords\ in\ Element}{Anzahl\ W\ddot{o}rter\ in\ Element}$$

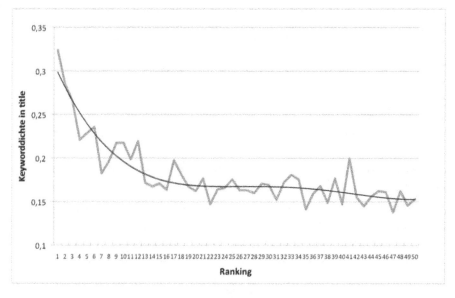

Diagramm: durchschnittliche Keyworddichte im Seitentitel je nach Ranking

Es lässt sich also zusammenfassen, dass folgende Werte für den Seitentitel offenbar zu guten Rankings führen:

Merkmal	Vorkommen
Keywords	jedes Keyword 1x nennen
Wörter gesamt	4 bis 6
Keyworddichte	0,2 bis 0,3

Tabelle: Zielwerte Seitentitel einer Webseite für Top-Platzierung

Der Seitentitel ist also ein Kriterium, welches ziemlich wichtig für die Platzierung zu sein scheint. Daher sollten Autoren von Webseiten unbedingt die Titel für jede einzelne Seite individuell und sorgfältig bestimmen um ein gutes Ranking zu erhalten. Eine zusätzliche Optimierung ist möglich, indem man die Keywords in der Reihenfolge ihrer Wichtigkeit sortiert [3]. Zudem sollte der Seitentitel den Inhalt der Webseite genau beschreiben [4], d.h. jedes Text im Seitentitel sollte auch im Seiteninhalt wieder auftauchen.

---

3 Vgl. Glöggler, Michael: Suchmaschinen im Internet, S. 136

4 Vgl. Erlhofer, Sebastian: Suchmaschinen-Optimierung, S. 397

URL

Die URL (Uniform Resource Locator) enthält Informationen über Domain, Pfad und eventuell angehängte Parameter.

```
Zum Beispiel: http://www.host.de/ordner/datei.htm

Domain: www.host.de
Pfad: ordner/datei.htm
```

Die URL kann ebenso untersucht werden, ob Keywords in der Domain oder im Pfad positioniert sind.

In der folgenden Grafik erkennt man, welche Auswirkung das Vorhandensein eines Keywords im Domainnamen auf das Ranking hat:

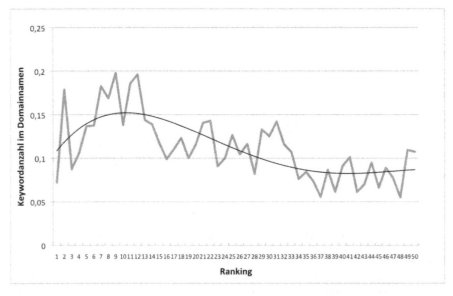

Diagramm: durchschnittliche Keywordnennung im Domainnamen je nach Ranking

Es ist festzustellen, dass zwar eine kleine Tendenz zu erkennen ist, insgesamt der Einfluss aber nicht zu hoch einzuschätzen ist.

Etwas anders scheint die Auswirkung des Keywordvorkommens im Pfad zu sein:

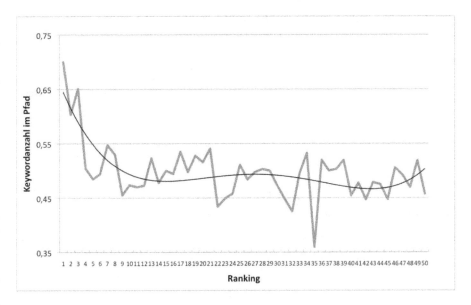

Diagramm: durchschnittliche Keywordnennung im Pfad je nach Ranking

Es ist zu erkennen, dass gerade bei den ersten drei Platzierungen, die Keywords überdurchschnittlich oft (rund 0,65 mal) im Pfad vorkommen. Der Pfad kann also sehr gut eingesetzt werden, um eine höhere Bewertung der vorkommenden Keywords zu erreichen.

Allerdings ist davon abzuraten, zu viele Keywords im Pfad unter zu bringen, Google etwa bevorzugt eine kurze URL [5].

Entgegen in der Literatur weit verbreiteten Meinungen, dass dynamische URLs negative Auswirkungen auf das Ranking haben, kommuniziert Google, dass dies nicht so ist [6].

Bei der Wahl der Domain, sollte möglichst eine Domain gewählt werden, deren Länderkürzel mit der Sprache des Inhalts übereinstimmt [7] (etwa .de für Deutschland). Allerdings ist es für neu registrierte Domains zunächst schwieriger, gute Platzierungen bei Google zu erreichen – Google setzt neue Domains in eine sogenannte Sandbox [8]. Der Name Sandbox steht dabei da-

---

5 Vgl. http://googlewebmastercentral.blogspot.com/2008/09/dynamic-urls-vs-static-urls.html, Zugriff am 01.06.2010

6 Vgl. ebd.

7 Vgl. http://googlewebmastercentral.blogspot.com/2007/08/server-location-cross-linking-and-web.html, Zugriff am 01.06.2010

8 Vgl. Koch, Daniel: Suchmaschinenoptimierung, S. 113

Suchmaschinenoptimierung

für, „dass die neue Seite erst einmal mit den kleinen Seiten im Sandkasten spielen soll, bevor Sie mit den großen Seiten um die vorderen Plätze kämpfen kann" [9].

h1-Überschrift

Ähnlich wie der Seitentitel spielt die h1-Überschrift (die Überschrift mit höchster Hierarchieebene) eine zentrale Rolle bei der Suchmaschinenoptimierung.

```
<h1>Überschrift 1</h1>
```

Die Webseiten unter den Top-5 der Stichprobe verwenden durchschnittlich (nur) 1.26 h1-Überschriften pro Webseite und jedes Keyword taucht durchschnittlich 0.66 mal auf.

Die Anzahl der Keywords in h1 scheint allerdings keinen großen Einfluss auf das Suchergebnis zu haben.

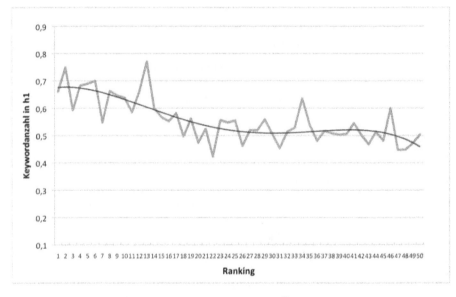

Diagramm: durchschnittliche Keywordnennung in h1-Überschriften je nach Ranking

---

9 http://www.webmasterpro.de/management/article/seo-der-google-sandbox-effekt.html, Zugriff am 01.06.2010

Anders sieht es aus, wenn man die Keyworddichte in den h1-Überschriften betrachtet:

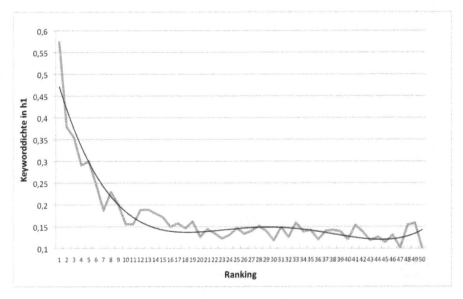

Diagramm: durchschnittliche Keyworddichte in h1-Überschriften je nach Ranking

Der Effekt ist noch stärker als beim Seitentitel. Die durchschnittliche Keyworddichte der erstplatzierten Webseite ist mit 0,57 fast vier mal so groß wie die der zehntplatzierten (0.16). Auch hier scheint zu gelten „keep it short and simple". Auch Webseiten mit Keyworddichte 1 in h1 und Top-Platzierung sind sehr oft in der Stichprobe vertreten.

Folgende Werte für die h1-Überschriften führen offenbar zu guten Rankings:

Merkmal	Vorkommen
Anzahl h1 gesamt	nur 1
Keywords	jedes Keyword 1x nennen
Keyworddichte	0,3 bis 1

Tabelle: Zielwerte h1-Überschriften einer Webseite für Top-Platzierung

h2-h6-Überschriften

Es stellt sich die Frage, nachdem h1-Überschrift sehr hoch gewertet wird, wie es sich mit den untergeordneten Überschriften h2 bis h6 verhält.

```
<h2>Überschrift 2</h1>
<h3>Überschrift 3</h1>
<h4>Überschrift 4</h1>
<h5>Überschrift 5</h1>
<h6>Überschrift 6</h1>
```

Die nachfolgende Tabelle zeigt die durchschnittlichen Merkmale der Top-5 Suchergebnisse. Die Spalte „Anzahl Vorkommen gesamt" gibt an, wie of die Überschriften-Formatierung benutzt wird. So ist zu erkennen, dass die Überschriften h2-h5 durchaus mehrmals verwendet werden. Die Überschrift h6 wird allgemein nur sehr selten genutzt. Keywords tauchen signifikant nur in h2 und h3 auf und werden dort durchschnittlich 0,67 bzw. 0,52 mal erwähnt. Die Keyworddichte ist mit unter 10% eher gering.

Überschrift	Anzahl Vorkommen gesamt	Anzahl Keywordnennungen	Keyworddichte
h2	3,21	0,67	0,08
h3	2,83	0,52	0,04
h4	1,40	0,11	0,01
h5	2,43	0,01	0,00
h6	0,11	0,02	0,00

Tabelle: Durchschnittswerte der Top-5 Suchergebnisse

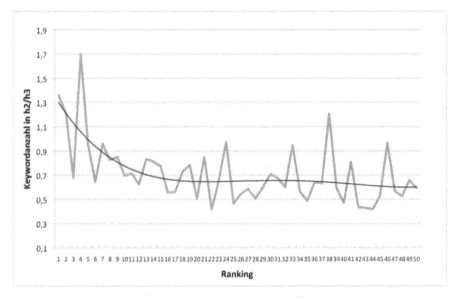

Diagramm: durchschnittliche Keywordnennung in h1- und h2-Überschriften je nach Ranking

Die Erwähnung der Keywords in den h2/h3-Überschriften scheint Vorteile zu bringen. In diesen Überschriften kann die Keyworddichte aber geringer sein als in der h1-Überschrift und Keywords können mehrmals auftauchen. Sie eignen sich daher sehr gut um die Texte der Webseite sinnvoll in Abschnitte zu gliedern und diese zu beschreiben. Evtl. kann es sich auch lohnen, dort verwandte, weniger stark frequentierte Suchwörter einzubinden.

Allgemein wird empfohlen, die Hierarchie von 1 bis 6 der Überschriften einzuhalten [10], d.h. h2 ist die „Unterüberschrift" zu einer h1-Überschrift.

---

10 Vgl. Erlhofer, Sebastian: Suchmaschinen-Optimierung, S. 242

Fett-markierte Wörter

In HTML gibt es die Möglichkeit, Wörter mit den Tags b, strong oder big besonders hervorzuheben bzw. in Fettschrift zu drucken.

```
<b>fettgedruckt</b>
<strong>betont</strong>
<big>hervorgehoben</big>
```

Die Tags strong und big werden allerdings in der Praxis kaum verwendet, daher lassen sich auf Grundlage der vorliegenden Daten nur Aussagen über das b-Tag treffen.

Die folgende Grafik zeigt, dass auf den ersten Positionen die Keywords etwas häufiger durch bold oder strong hervorgehoben wurde. Allerdings gibt es einige Ausreißer auf hinteren Rankingpositionen, welche darauf zurückzuführen sind, dass dort bei einigen Seiten das b-Tag übermäßig oft verwendet wurde, was zu einer Disqualifikation oder Nichtbeachtung geführt hat.

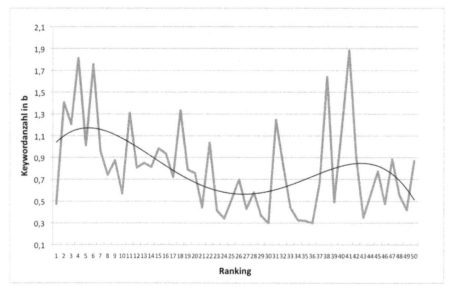

Diagramm: durchschnittliche Keywordnennung in b-Tags je nach Ranking

Etwas signifikanter ist der Trend, wenn man die Keyworddichte betrachtet:

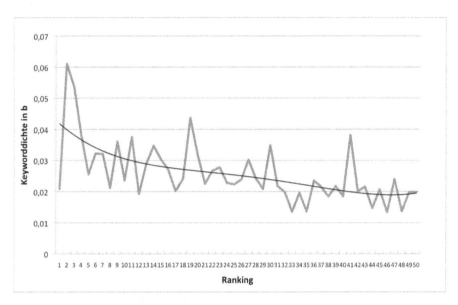

Diagramm: durchschnittliche Keyworddichte in b-Tags je nach Ranking

Auch wenn der Effekt gering zu sein scheint, ist es sinnvoll einzelne Keywords im Fließtext fett zu markieren. Allerdings sollte dies in Maßen geschehen, da übermäßige Verwendung als Manipulationsversuch gewertet werden kann.

Matt Cutts, ein Ingenieur von Google, hat vor 3 Jahren erwähnt, dass fettgedruckte Wörter tatsächlich mit einem Gewicht versehen werden [11]. Zudem werden die Tags b und strong exakt gleich behandelt [12].

Bilder

Auch bei den in der Webseite eingebundenen Bildern gibt es die Möglichkeit, Keywörter zu platzieren. Konkret ist dies im title- und alt-Attribut möglich, aber auch im Dateinamen.

---

11 Vgl. http://video.google.com/videoplay?docid=-1756437348670651505#, Zugriff am 02.06.2010

12 Vgl. ebd.

```
<img title="Titel" alt="Alternativtext" src="Dateiname.jpg" />
```

Das title-Attribut wurde in der Stichprobe allerdings zu selten genutzt, um eine Aussage zu treffen.

Bei den Alt-Attributen ergibt sich ein gemischtes Bild. Aufgrund der vorliegenden Daten lässt sich kein allzu großer Zusammenhang zwischen alt-Tags und Ranking feststellen. Ein Top-Ranking ist auch ohne Vorkommen des Keywords im alt-Text möglich. Es wäre konsequent von Google, die alt-Tags zu ignorieren, das diese nicht direkt auf der Webseite angezeigt werden und daher leicht manipulierbar sind.

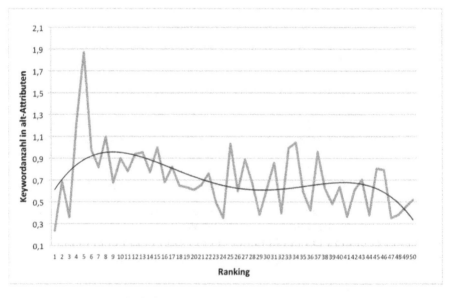

Diagramm: durchschnittliche Keywordnennung in alt-Tags je nach Ranking

Etwas anders ist das Bild bei Betrachtung des Keyword-Vorkommens im Dateinamen. Wahrscheinlich kann hier eine Optimierung zumindest zu einer leicht besseren Platzierung führen, denn es existiert ein zwar schwacher, aber dennoch feststellbarer Trend.

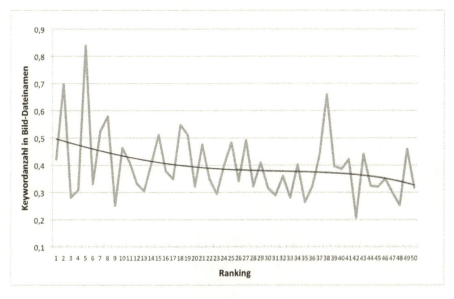

Diagramm: durchschnittliche Keywordnennung im Dateinamen von Bildern je nach Ranking

Keyworddichte

Das nächste zentrale Objekt der Analyse ist die Keyworddichte im ganzen Dokument. „Suchmaschinen ermitteln für jedes Wort, wie oft es im Text vorkommt – und zwar in Relation zu den anderen Wörtern." [13].

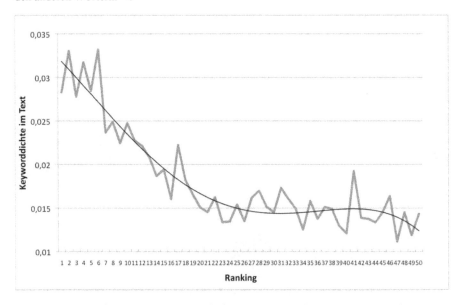

Diagramm: durchschnittliche Keyworddichte im gesamten Dokumenttext je nach Ranking

Es ist offensichtlich, dass die Keyworddichte ein äußerst gewichtiges Kriterium für das Ranking darstellt. Die Top-5-Suchergebnisse weisen allesamt eine Keyworddichte von etwa 3 Prozent auf, die hinteren Suchergebnisse haben durchschnittlich eine weitaus geringere Keyworddichte. Dies deckt sich mit anderen Ergebnissen, welche eine Keyworddichte im Bereich von 3 bis 5% nahelegen [14].

Neben der Keyworddichte könnte auch die absolute Lage der Keywords im Dokument einen entscheidenden Faktor darstellen: Es ist eine gängige Erkenntnis ist, dass Keywords, die am Anfang des Dokuments auftauchen, höher gewichtet werden [15]. Unsere Daten können dies allerdings nicht unmittelbar bestätigen. Die durchschnittliche Keyworddichte in den ersten 250

---

13 Koch, Daniel: Suchmaschinen-Optimierung, S. 85

14 Vgl. von Bischopnick, Ivonne/Ceyp, Michael: Suchmaschinen-Marketing, S. 211

15 Vgl. Koch, Daniel: Suchmaschinen-Optimierung, S. 91

Zeichen des Textes unterscheidet sich kaum von jener in der Textmitte. Lediglich das Textende scheint etwas abzufallen und untergewichtet zu werden.

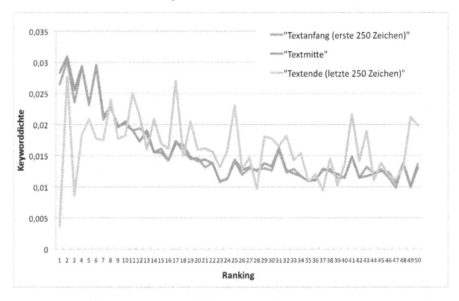

Diagramm: durchschnittliche Keyworddichte im gesamten Dokumenttext je nach Ranking und absoluter Lage im Text.

Bei Suchanfragen mit mehr als einem Suchwort, kommt noch der Faktor der *Keyword-Proximity* hinzu, welcher die Nähe der einzelnen Keywords zueinander misst. „Je näher die einzelnen Wörter einer Suchanfrage im Seitenkontext beieinander stehen, desto relevanter ist das Dokument in Bezug auf die Suchanfrage." [16]

off-page-Faktoren

Die den off-page-Faktoren sind externe Faktoren, die vom Seitenbetreiber nicht direkt beeinflusst werden können. Wichtigster off-page-Faktor für ein gutes Ranking ist die Link-Popularität. Sie bezeichnet die „Anzahl und Qualität der eingehenden Links auf eine Seite [...]. Der bekannteste Algorithmus zur Berechnung der Linkpopularität stammt von Google (Pagerank)." [17] Der Ansatz, die Link-Popularität in die Suchergebnisse mit einfließen zu lassen, beruht auf der

---

16 Vgl. von Bischopnick, Ivonne/Ceyp, Michael: Suchmaschinen-Marketing, S. 212

17 Vgl. Erlhofer, Sebastian: Suchmaschinen-Optimierung, S. 444

Annahme, dass diejenigen Webseiten für ein Thema relevant sind, die von anderen Autoren häufig „empfohlen" bzw. verlinkt werden.

Verlinkung

Wie wichtig eine gute Verlinkung der Domain insgesamt und auch die explizite Verlinkung des jeweiligen Dokumentes selbst ist, zeigen folgende beiden Grafiken:

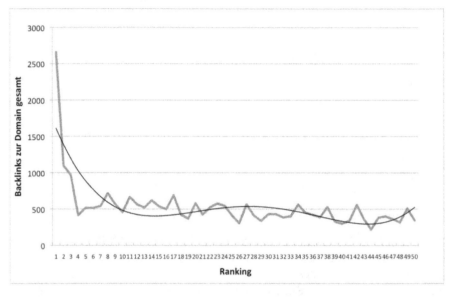

Diagramm: durchschnittliche Anzahl Backlinks zur Domain je nach Ranking

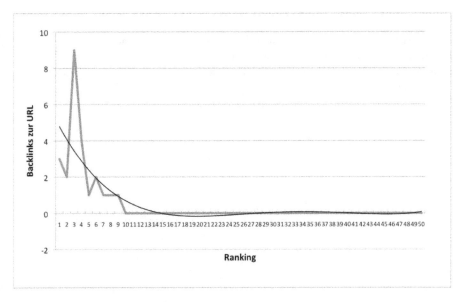

Diagramm: Median der Anzahl Backlinks zur URL im gesamten Dokumenttext je nach Ranking

Google Pagerank

Bei Google wird die Linkpopularität durch den Pagerank-Algorithmus gemessen. Seiten mit hohem Pagerank tauchen wahrscheinlicher an der Spitze der Suchergebnisliste auf [18]. Der Pagerank kann bei Google direkt abgefragt werden, allerdings ist er bei weniger verlinkten Homepages oft „unranked".

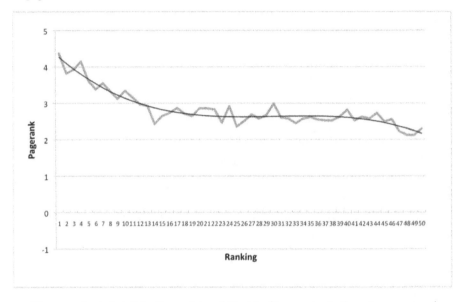

Diagramm: durchschnittlicher Pagerank je nach Ranking (Status „unranked" wurde ausgenommen)

Meta-Tags

Die Meta-Tags „keywords" und „description" werden laut eigener Aussage von Google nicht für das Ranking einer Webseite genutzt [19]. Allerdings verwendet Google das Meta-Tag „description" manchmal in der Textvorschau für die Suchergebnisse [20], sodass eine Optimierung durchaus Sinn machen kann: Ein ansprechender Vorschautext führt zwar nicht zu einem besseren Ranking, kann aber zu einer höheren Klickrate durch die Nutzer führen.

---

18 Vgl. http://www.google.com/corporate/tech.html, Zugriff am 04.06.2010

19 Vgl. http://googlewebmastercentral.blogspot.com/2009/09/google-does-not-use-keywords-meta-tag.html, Zugriff am 04.06.2010

20 Vgl. ebd.

ERSTELLUNG EINES ANALYSE-TOOLS

Einleitung

Mit den gewonnenen Erkenntnissen wurde ein webbasiertes Analyse-Tool erstellt. Die Umsetzung erfolgte in der Programmiersprache PHP.

Benutzeroberfläche

Zum Starten einer Analyse gibt der Benutzer die zu analysierende Url und die relevanten Keywords auf der Startseite ein.

Zur Demonstration wird die populäre Internetseite „http://www.spiegel.de" auf das Keyword „Nachrichten" untersucht.

Startseite des Analyse-Tools

Die Analyse ist in fünf Unterpunkte strukturiert, welche in der Navigationsleiste auf der linken Seite angewählt werden können:

- Ranking

- Keywords

- Konkurrenz

- Spider-View

- Linkanalyse

Screenshot Analyse-Tool

Ranking

Bei dem Punkt Ranking wird eine kurze Übersicht über die aktuelle Rankingposition, die Anzahl der Backlinks und den Pagerank gegeben.

Diese Informationen werden direkt bei Google abgefragt (siehe Codebeispiel *Ermittlung der Rankingposition*).

Zudem wird eine kurze Vorschau geliefert, wie die Seite in der Suchergebnisliste angezeigt wird.

Codebeispiel: Ermittlung der Rankingposition

Die folgende Funktion *getrankingpos* hat als Eingabe ein Array mit den Keywords für die Suchanfrage bei Google und die Url, deren Position bestimmt werden soll. Es werden die ersten 100 Ergebnisse berücksichtigt. Zusätzlich wird die Gesamtanzahl der Ergebnisse ermittelt.

Die Funktion lädt über die Routine *file_get_contents* die Webseite mit der Ergebnisliste. Mittels *preg_match_all* und einem sogenannten regulären Ausdruck [21] werden die einzelnen Suchergebnisse strukturiert erfasst und in der Variable *$ergebnis* gespeichert. Anschließend kann etwa in einer Schleife geprüft werden, an welcher Position in *$ergebnis* sich die Url der Eingabe befindet.

Ähnlich geht man vor, um die Anzahl der Suchergebnisse bzw. die Zahl in der Zeichenkette *„Ungefähr 70.100.000 Ergebnisse"* mit *preg_match* zu extrahieren.

```
function getrankingpos($keyword, $url) {

$searchstring=implode("+", $keyword);

$searchstring = "http://www.google.de/search?hl=de&q=".$searchstring."&num=100&start=0";

@$seiteninhalt=file_get_contents($searchstring,'r');

preg_match_all("(<h3 class=\"?r\"?><a href=\"(http.*)\".*>(.*)</a></h3>)siU",
$seiteninhalt, $ergebnis);
```

---

21 Vgl. http://www.php.net/manual/de/function.preg-match-all.php, Zugriff am 09.06.2010

```
preg_match("(id=\"?resultStats\"?>Ungefähr (.*) Ergebnisse)siU", $seiteninhalt, ...
$numberofresults);

$count = 0;

$position = 0;

while($count <= 100)

    {

    if ($url]==trim($ergebnis[1][$count], '/' ) AND $position==0)

        {

        $position=$count+1;

        }

    $count++;

    }

return array($position, $numberofresults[1]);

}
```

Code: Ermittlung der Rankingposition.

Keywords

Der Punkt Keywords ist sicherlich der interessanteste für die on-page-Optimierung.

Gemäß den Erkenntnissen aus dem ersten Kapitel wird der Quellcode der Webseite analysiert. Die Analyse umfasst:

- Url

- Seitentitel

- h1-Überschrift

- weitere Überschriften

- Keyworddichte im Text

- Top-Keywords

- fett markierte Wörter

- Bilder-Dateinamen

Codebeispiel: Analyse des Seitentitels

Der Seitentext bedarf als wichtigstes Element der on-page-Optimierung einer besonders detaillierten Analyse. Zu bestimmen sind:

• Inhalt des title-Tags

• Keyworddichte im title-Tag

• Anzahl der verwendeten Zeichen

• Anzahl der verwendeten Wörter

• Übereinstimmung mit dem Seiteninhalt

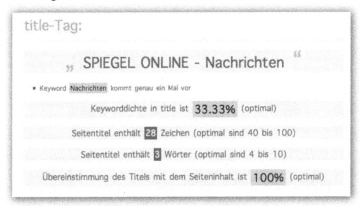

Screenshot: Analyse des Seitentitels

Da bei der Analyse eines Quelltextes es wiederkehrend erforderlich ist, den Inhalt eines bestimmten Tags auszulesen, ist es sinnvoll, die Funktion *getTextBetweenTags* zu definieren, welche genau dies liefert. Dazu wird die PHP-eigene Klasse *domDocument* [22] verwendet, um die Informationen zu extrahieren.

Weiter wird die Funktion *substr_count_array* benötigt, welche als Erweiterung von *substr_count* das Vorkommen der Keywords in einem String zählt und dabei auch mit Arrays umgehen kann.

Damit können die gewünschten Kennzahlen recht einfach bestimmt werden.

Gemäß dem folgenden Code enthält die Variable *$title[0]* den Inhalt des Seitentitels. Mit den Funktionen *strlen* und *str_word_count* kann die Zeichenlänge bzw. Wortanzahl bestimmt werden.

---

22 Vgl. http://php.net/manual/de/book.domxml.php, Zugriff am 09.06.2010

Um die Übereinstimmung des Seitentitels mit dem Seiteninhalt zu bestimmen, wird jedes Wort im Seitentitel auf ein Vorkommen im restlichen Text untersucht. Tauchen alle Wörter auf, ist die Übereinstimmung entsprechend 100%. Im Codebeispiel ist der prozentuale Wert in der Variablen *title_percent* abgespeichert.

```php
# Benötigte Variablen:
# $page enthalte den Quelltext der Seite
# $keywords Array mit den Keywords

function getTextBetweenTags($tag, $html)
{
$dom = new domDocument('1.0', 'UTF-8');

@$dom->loadHTML($html);
$dom->preserveWhiteSpace = false;
$content = $dom->getElementsByTagname($tag);
$out = array();
foreach ($content as $item)
        {
                $out[] = $item->nodeValue;
        }
return $out;
}
```

```php
function substr_count_array( $haystack, $needle )
# Vgl.: http://www.php.net/manual/de/function.substr-count.php#74952
{
$count = 0;
if (!empty($needle) and !empty($needle))
        {
        foreach ($needle as $substring)
                {
                $count += substr_count(strtolower($haystack), strtolower($substring));
                }
        }
return $count;

}
```

```php
$title = getTextBetweenTags('title',$page);

$title[0]=html_entity_decode($title[0]);

$title_count=substr_count_array($title[0], $keyword);

$title_slen=strlen($title[0]);
$title_wnum=str_word_count($title[0], 0, '0123456789ÄäÖöÜüß');

$count=0;
if($title_wnum>0)
        {
                $count=substr_count_array($title_2, $keyword);
                $title_density=$count/$title_wnum;
        }
```

```
else
        {
                $title_density=0;
        }
```

```
$title_words=str_word_count($title[0], 1, '0123456789ÄäÖöÜüß');
$words=getTextBetweenTags('body', $page);

$words= array_map('strtolower', str_word_count(strip_tags($words[0]), 1, ...
'0123456789ÄäÖöÜüß'));

$count=0;

foreach($title_words as $search_str)
        {
        if(in_array(strtolower($search_str), $words))
                {
                        $count=$count+1;
                }
        }
$title_percent=$count/count($title_words);
```

Code: Analse des Seitentitels

Codebeispiel: Keyword-dichte und Top-Keywords

Das folgende Beispiel zeigt, wie aus dem gegebenen Text die Keyworddichte er-rechnet sowie die Top-Keywords im Text identifiziert werden können.

Die Keyworddichte wird in der Variablen *$keyword_density* gespeichert. Zudem wird eine Liste mit den Top-Keywords des Textes ausgegeben:

```
# Benötigte Variablen:
# $page enthalte den Quelltext der Seite
# $keywords Array mit den Keywords
# Benötigte Funktion:
# substr_count_array wie im vorherigen Beispiel

$words=getTextBetweenTags('body', $page);
$count_p = substr_count_array(implode(" ", $words), $keyword);
if(count($words)>0)
        {
                $keyword_density=$count_p/count($words);
        }
else
        {
                $keyword_density=0;
        }

$topwords=array_count_values($words);
asort($topwords);
$topwords=array_reverse($topwords);

$topwords_keys=array_keys($topwords);

echo "<h2>Top-Keywords:</h2>";
echo "<ul>";
$maxcount=min(20, count($topwords));
for ($i = 1; $i <= $maxcount; $i++)
{
echo "<li>".$topwords_keys[$i]." (".($topwords[$i]+1).")</li>";
}
echo "</ul>";
```

Konkurrenz

Unter dem Punkt Konkurrenz werden die ersten 50 Suchergebnisse aufgelistet. Diese Liste ist etwa in der Variablen $ergebnis[1]$ aus dem Codebeispiel „Ermittlung der Rankingposition" enthalten.

Screenshot: Konkurrenz-Liste

Durch Klicken auf einzelne Konkurrenten, kann ein Fenster mit einem Vergleich der relevanten Rankingfaktoren der eigenen Seite und der konkurrierenden Webseite geöffnet werden:

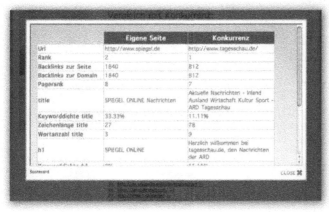

Screenshot: Vergleich mit konkurrierender Webseite

Spider-View

Oft ist es aufschlussreich, die Webseite aus dem Blickwinkel einer Suchmaschine zu betrachten.

Dabei wird die Formatierung des Textes auf das nötigste beschränkt.

Zudem werden Informationen aus dem HTTP-Header ausgelesen, welcher Informationen über den Status (z.B. letztes Änderungsdatum) enthält.

Linkanalyse

Unter dem Punkt Linkanalyse werden alle internen und externen Links aufgelistet.

Beim Klick auf einen internen Link kann die Analyse der jeweiligen verlinkten Seite komfortabel aufgerufen werden.

LITERATURVERZEICHNIS

1. Erlhofer, Sebastian. *Suchmaschinen-Optimierung*. Galileo Press, Bonn, 3. Auflage, 2007.

2. Glöggler, Michael. *Suchmaschinen im Internet.*. Springer-Verlag, Berlin, 2003.

3. Koch, Daniel. *Suchmaschinen-Optimierung*. Addison Wesley, München, 2007.

4. von Bischopnick, Ivonne/Ceyp, Michael. *Suchmaschinen-Marketing*. Springer-Verlag Berlin Heidelberg, 2007.

5. http://googlewebmastercentral.blogspot.com/2007/08/server-location-cross-linking-and-web.html

6. http://googlewebmastercentral.blogspot.com/2008/09/dynamic-urls-vs-static-urls.html

7. http://googlewebmastercentral.blogspot.com/2009/09/google-does-not-use-keywords-meta-tag.html

8. http://php.net/manual/de/book.domxml.php

9. http://video.google.com/videoplay?docid=-1756437348670651505#

10. http://www.google.com/corporate/tech.html

11. http://www.irishtimes.com/newspaper/finance/2010/0528/1224271298960.html

12. http://www.php.net/manual/de/function.preg-match-all.php

13. http://www.suchmaschinentricks.de/ranking/grundlagen

14. http://www.webmasterpro.de/management/article/seo-der-google-sandbox-effekt.html

www.ingramcontent.com/pod-product-compliance
Lightning Source LLC
LaVergne TN
LVHW042306060326
832902LV00009B/1294